出《で》口《ぐち》 汪《ひろし》の
日本語論理
トレーニング

基礎編

JN294684

論理エンジンJr.《ジュニア》

6年

出口 汪＝著

小学館

保護者の方へ

▶ 言葉と人間

私たちは言葉を使ってものを考えます。言葉を使わずに何かを考えようとしても、カオス（混沌）の世界に投げ出されてしまうだけです。

私たちは外界をいったん言葉で整理し、その上で認識し処理するのです。たとえば、暑さを感じるのは犬や猫でも同じですが、言葉を持たない他の動物はそれを「暑い」とは認識できません。いわば私たちは、言葉に置き換えられたものだけを受け止めます。

▶ 論理エンジン Jr.

論理力とは規則に従った方法で言葉を使える能力です。逆に規則に従った言葉は、論理力によって正確に理解することができます。「論理エンジン」は日本で唯一の、本物の論理力養成のためのシステマティックに作られた教材です。本書はその小学生版で、各学年最高の論理力を獲得できるように構成されています。

▶ 本書の構成

本書は言葉の使い方ごとのステップから成り立っていて、各ステップにそれぞれ問題が掲示されています。

問題はどれ一つ同じものはありません。各問題には必ずテーマがあり、さらにはそれぞれの問題には連続性があります。これは一貫した方法によって、子どもたちの頭脳を論理的なものへと変えていくための設問であり、そのために一つひとつの問題の狙いを明確にしました。さらには、どの問題も前の問題と同じものはなく、連続しながらも、必ず何か一つ新しい要素が付け加わっています。

▶ １学年３冊

本書は全３冊のシリーズのうちの基礎編で、まず子どもたちの文に対する意識のあり方、頭の使い方を変えていきます。そのために論理の基礎を理解し、言葉の規則に従って文章を扱う練習をしていきます。

このあとに続く習熟編では、基礎編で学んだことをさらに深く理解し、定着させるトレーニングを行います。そして最後の応用編では、全教科の教科書の記述が無理なく読解できる力、中学入試問題文を読み解く力、そして社会で一般に使われている日本語を読み解き、自分の言葉で考えを発表する力を培う練習をします。

子どもたちの将来のために、論理エンジン Jr. で本物の学力を持たせてあげてください。

はじめに

「論理《ろんり》エンジン」は、キミたちの論理力《ろんりりょく》を徹底的《てっていてき》にきたえるものです。論理《ろんり》とは「すじみちを立てて考える」「すじみちを立てて話す」といったものごとの「すじみち」のことです。

キミたちが学習する国語の問題文では、筆者は読み手がだれだかわからないので、必ずすじみちを立てて文章を書きます。国語力とは、そのすじみちを読み取る力なのです。

国語は論理《ろんり》の教科です。だから、 国語のテストで高得点を取るには、論理力《ろんりりょく》をきたえなければなりません。それには、ただなんとなく文章を読むのではなく、日本語の規則を意識し、その規則にしたがって文章を読まなければなりません。

さらに国語だけでなく、理科も社会も算数も、キミたちが将来《しょうらい》、学習する英語も数学もすべてすじみちを立てて考える必要があります。そういった意味では、「論理《ろんり》エンジン」はすべての科目に必要な論理力《ろんりりょく》をきたえていきます。

しかも、論理力《ろんりりょく》はキミたちが新しい時代を生きていく中で、生涯《しょうがい》にわたってキミたちを助ける強力な武器となります。

本書によって、キミたちがすじみちを立ててものを考える力、論理力《ろんりりょく》を手にして、これからの困難《こんなん》な時代をかけぬけていくことを願っています。

出口 汪

ステップ

0

力だめし

中学入試問題にチャレンジ！

学習した日

月　日

6年生の論理《ろんり》エンジンの学習を始める前に、力だめしの問題にチャレンジしてみよう。

1 次の慣用句の意味を説明しましょう。また、慣用句を使って、短文を作りましょう。ただし、慣用句の終わりの部分は変化させてもかまいません。

① うでによりをかける

意味

短文

② 顔から火が出る

意味

短文

③ 足をのばす

意味

短文

2 「夏」という題で、１００字以内で自由に作文を書きましょう。ただし、次の言葉を必ず入れることとします。

海　プール　花火　夏休み　宿題

これは、中学入試で実際に出題されたものをもとに作った問題だよ。言葉に関する知識だけでなく、その知識をもとに文章を作成するなど、高度な応用力が求められていることがわかるね。でも、だいじょうぶ。この『論理《ろんり》エンジン Jr.』の内容をしっかりおさえれば、何もこわいことはない。さあ、いっしょにがんばっていこう！

ステップ **1**

一文の要点（1）

主語と述語をぬき出す

学習した日　　月　　日

1 次の文の――線部の主語を書きましょう。省略されている場合は自分で考えて答えましょう。

私《わたし》の祖母は、広島で生まれ、幼《おさな》いころに一家で東京に移り住んだと聞いたことがあります。

論理ポイント

文を論理的《ろんりてき》に読み、書き、味わうには、文の要点となるところをつかまえる必要があります。では、要点とは何でしょうか？　それは**「主語」と「述語」、そして「目的語」などの、意味の上で外すことのできない、中心となる言葉**のことを指します。

上の問題も、要点となる「主語―述語」の関係をおさえることがカギとなります。「聞いたことがあります」の「動作の主」、つまり主語は「私《わたし》は」で、これが省略されているのです。

文の要点をつかまえられるようになれば、複雑な文もすっきりと読み解くことができるようになるばかりか、頭の使い方までもが論理的《ろんりてき》なものへと変わっていきます。

答え

2 次の文中から、主語と述語をぬき出しましょう。②と③では、——線部の述語に対する主語を文中からぬき出しましょう。①〜③とも、解答が文中にない場合は、自分で考えて答えましょう。

① あのささいな失敗のせいで、大事な実験がこんなことに。

主語

述語

主語だけでなく、述語が省略されてる場合もあるよ。言葉のつながりをていねいにつかまえよう！

② ハワイの美しい景色を頭に思いうかべて、私《わたし》はうっとりとしました。

主語

③ その旅がどんなに素晴らしく、どれほど楽しかったか(1)、みんなに話して聞かせました(2)。

(1)の主語

(2)の主語

ステップ 1

一文の要点（2）

単文・重文・複文

学習した日　　月　　日

1 次の①と②の文は、どちらも「主語―述語」の関係を二つふくんでいます。その二つの「主語―述語」の関係がわかるように、後の□に言葉を入れましょう。

① 誕生日《たんじょうび》に、父はかばんを買ってくれ、母は時計を買ってくれた。

誕生日《たんじょうび》に
（主語）□ かばんを （述語）□、
（主語）□ 時計を （述語）□。

② 誕生日《たんじょうび》に父が買ってくれたかばんは、私《わたし》の宝物《たからもの》です。

誕生日《たんじょうび》に
（主語）□ （述語）□
私の
（主語）□ （述語）□。

論理ポイント

①では、「父は―買ってくれ」と「母は―買ってくれた」の二つの「主語―述語」の関係があり、この二つの文は、たがいに対等の関係にあります。一方、②の「父が―買ってくれた」と「かばんは―宝物《たからもの》です」の二つの「主語―述語」は対等ではありません。「父が―買ってくれた」は、この文の主語「かばんは」を説明しているのです。

①のように、**「一つの文に、主語と述語が二回以上、対等な関係で登場する」文を「重文」**といいます。また、②のように、**「一つの文に、主語と述語が二回以上出てくるが、対等の関係ではない文」を「複文」**といいます。なお、**一つの文に主語と述語がそれぞれ一回だけ出てくる文を「単文」**と言います。

2 次の文が単文の場合はア、重文の場合はイ、複文の場合はウと記号で答えましょう。

① 私《わたし》は算数が得意で、姉は英語が得意だ。

② 鑑真《がんじん》が建立《こんりゅう》した唐招提寺《とうしょうだいじ》は奈良《なら》県にある。

③ 先生が言った一言がみんなを勇気づけた。

④ 強い雨がざあざあと学校の窓《まど》に打ちつけた。

⑤ この問題は、とても難《むずか》しいが非常に重要だ。

ステップ 1

一文の要点（3）

要点をとらえる

学習した日　　月　　日

1 次の文から、要点をぬき出しましょう。

※習っていない漢字は、ひらがなで書いてもかまいません。

① 蟻《あり》たちはいっせいに列を乱《みだ》して、ちりぢりに散らばって逃《に》げていった。

② ぼくはまだもう少しだけ、蟻《あり》たちを見ていたかった。

（椰月《やづき》美智子《みちこ》『しずかな日々』講談社　より）

主語と述語、目的語が文の要点になるんだったね。

①の要点

②の要点

論理ポイント

①の文の述語は「逃《に》げていった」で、主語は「蟻《あり》たちは」。このように主語と述語をぬき出すだけで文の要点となることがよくあります。しかし②では、主語と述語をぬき出すだけでは、何のことだかわかりません。**主語と述語に加え、「何を」という目的語をおぎなう必要があります。**

2 次の文の要点を、後のます目に合うようにぬき出しましょう。

① 赤茶色の小さな蟻《あり》たちが、ぼくのくつにかすかにのっかっている甘《あま》い汁《しる》のついたかけらを一生懸命《けんめい》運ぼうとしていた。

蟻《あり》たちが□□□を□□□□□□□□。

② 記憶《きおく》は次から次へとカードがめくれるようにわいてきて、あの、はじまりの夏を思い出させてくれる。

記憶《きおく》は□□□□□□を□□□□□□□□□。

（椰月美智子《やづきみちこ》『しずかな日々』講談社 より）

ステップ 2

言葉のつながり（1）

言葉のつながりを読み解く

学習した日　　月　　日

1 次の文を読んで、後の問いに答えましょう。

屋根の　上で　ときおり　真っ白な　ねこが　気持ちよさそうに　のびをする。

(1) 言葉がそれぞれどの言葉とつながっているのかを考え、→でつなぎましょう。

(2) 文中から、次のアとイにあたる言葉をぬき出しましょう。

ア　場所を表す言葉　[　　　]

イ　時を表す言葉　[　　　]

論理ポイント

すべての言葉にはそれぞれ意味（役割《やくわり》）があり、それをもとに密接《みっせつ》につながりあっていることを確認《かくにん》しましょう。

言葉のつながりを見ぬくには、まず「主語―述語」の関係を見つけること。とりわけ、主語の省略されることの多い日本語では、「述語」をとらえることが大切です。その後、他の言葉とのつながりをていねいに確認していきます。

② 次の文を読んで、後の問いに答えましょう。

① 二階の　窓《まど》から　父の　後ろ姿《すがた》へ　いってらっしゃいと　つぶやいた。

(1) 言葉がそれぞれどの言葉とつながっているのかを考え、↓でつなぎましょう。

(2) 文中から、次のアとイに当たる言葉をぬき出しましょう。

ア　話し手の位置を表す言葉

イ　話し手が口にした言葉

② 鳥たちの　鳴き声が　聞こえ、　私《わたし》たちは　いっせいに　空を　見上げた。

(1) 言葉がそれぞれどの言葉とつながっているのかを考え、↓でつなぎましょう。

(2) 文中から、次のアとイに当たる言葉をぬき出しましょう。

ア　一つ目の主語

イ　二つ目の主語

ステップ 2

言葉のつながり（2）

決まった関係

学習した日　　月　　日

1 次の文の＝線の言葉を、―線の言葉に合うように書き直しましょう。

① 私《わたし》は、かれの考えにかならずしも賛成だ。

② テレビの音が気になって、さっぱり勉強が手につく。

①

②

論理ポイント

「まったく（～ない）」「たぶん（～だろう）」「まるで（～みたい）」のように、**決まった言葉のつながり方をする副《ふく》詞《し》を「呼応《こおう》の副詞《ふくし》」と言います。** ②の「さっぱり」は呼《こ》応《おう》の副詞《ふくし》ではありませんが、これも決まったつながり方をする言葉のひとつです。

2 次の文の――線の言葉に注意して、ます目の中にひらがなを一字ずつ入れ、文を完成させましょう。

① □□□、明日は雨が降《ふ》るだろう。

② あの池のそばには、□□□□近づいてはいけません。

③ そんなことは、だんじて許さ□□。

④ □□、参加していただきたいのです。

⑤ 弟はいまにも泣き出し□□□顔をしていた。

⑥ ぼくにはその問題はてんでわか□□□。

〈〈〈 答えは「別冊」の7ページに！

ステップ 2

⇓言葉のつながり（3）

言葉のつながりと作文

学習した日　　月　　日

1 次の条件に合う一文を考えて作りましょう。

条件(1)　身近な人を主語にする。

条件(2)　次のような言葉のつながり方をする。

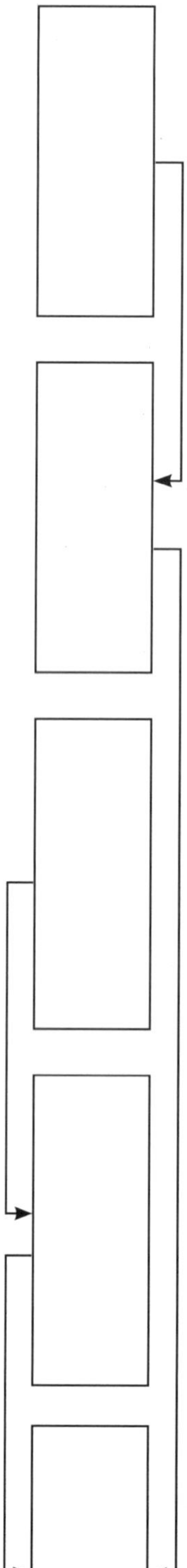
。

論理ポイント

言葉のつながりを意識して、文を作ってみましょう。最初にかためるのは、文の要点のうちでも大事な「述語」。述語をいちばん下の空らんに入れることから始めましょう。

2 次の条件に合う一文を考えて作りましょう。

①

条件(1) 生き物ではないものを主語にする（例：机《つくえ》、自転車など）。

条件(2) 時間を意味する言葉を使う（例：すぐに、いつも、早朝など）。

②

条件(1) 人を主語にする。

条件(2) 場所を示す言葉を使う（例：屋上、庭など）。

条件(3) 会話文を入れる（例：おはよう、すみませんなど）。

ステップ 2

⇓言葉のつながり（4）

二通りの意味

学習した日　月　日

1 ——線部は、二通りの意味に読み取ることができます。それぞれの意味がはっきりするように——線部を書き直しましょう。

母にたのまれて友達の家へ弟をむかえに行ったら、弟は帰っていなかった。

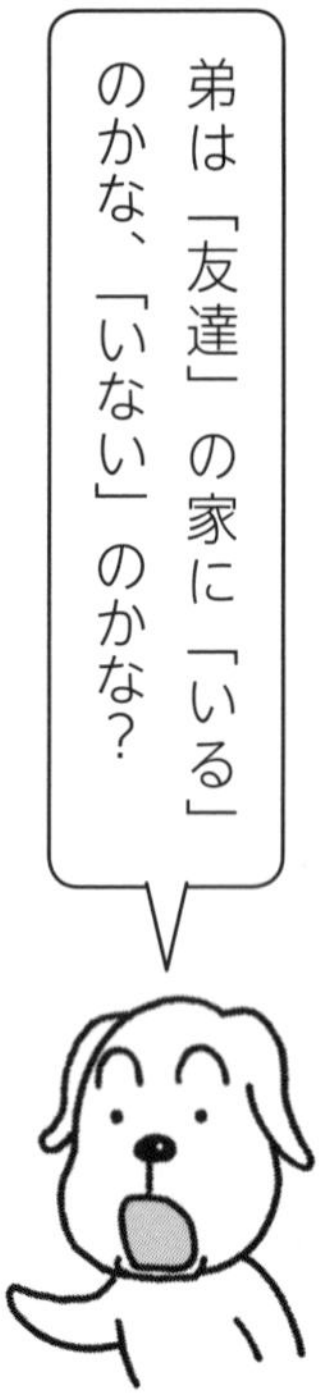

一つ目の意味

二つ目の意味

論理ポイント

弟は「（まだ）帰っていない」のか、それとも「帰って（もう）いない」のか、わかるように書き直します。

言葉は、「言葉のつながり」はもちろん「、」（読点）一つでもがらりと意味が変わってしまいます。自分の意図が正確に伝わる文を書けるようになりましょう。

2 次の文は二通りの意味に読み取ることができます。それぞれの意味がはっきりするように書き分けましょう。

私《わたし》はなきながら飛んでゆく鳥の群れを見つめていた。

一つ目の意味

二つ目の意味

〈〈〈 答えは「別冊」の9ページに！

ステップ
3

助動詞《じょどうし》と助詞《じょし》の使い方（1）

助詞《じょし》の意味

学習した日
月　日

1 次の①～③の文にはどのような意味のちがいがあるか、考えて説明しましょう。

① 毎朝、私《わたし》は小説を読む。

② 毎朝、私《わたし》は小説も読む。

③ 毎朝、私《わたし》は小説だけ読む。

少しのちがいで、ずいぶんと意味が変わってしまうんだなあ……。

論理ポイント

助詞《じょし》が変わるだけで、文の意味も大きく変わってしまいます。文を正しく読み解くには、言葉を一つひとつ大切にあつかうことが大事なのです。

②の「も」は、読むものが小説以外にもあるという前提を、③の「だけ」は「ほかにない」ことを表しています。

①

②

③

2 次の文の□にひらがなを入れ、文を完成させましょう。

ぼく□そのおじいさんにはじめて会ったの□、小学一年生□夏だった。母さん□連れられて、電車□乗っていくつか□駅□過ぎ、そこから十五分□□歩いたところ□、その家はあった。古く□大きな、テレビ□見たことのあるような、だれか□田舎みたいなうちだった。

（椰《や》月《づき》美《み》智《ち》子《こ》『しずかな日々』講談社　より）

ステップ 3

助動詞《じょどうし》と助詞《じょし》の使い方（2）

助動詞《じょどうし》の意味

1 次の——線部「れる」と同じ意味のものを、下のア～エから選びましょう。

わかりやすい一本道だし、自動車の交通量もそれほど多くはないので、ここからいちばん近い駅までは子どもでも行かれるだろう。

ア このやり方ならすぐに覚えられるよ。

イ もうすぐ先生がここに来られる。

ウ やさしい人がらがしのばれる。

エ 友には教えられることが多い。

この「行かれる」は、「行くことができる」という意味だよね。

論理ポイント

助動詞《じょどうし》は、使い方によって意味が大きくちがってしまいます。文中での意味をしっかりつかまえられるようにしましょう。

助動詞《じょどうし》「れる」「られる」には四つの意味があり、選択肢《せんたくし》のアは「可能」、イは「尊敬（敬語）」、ウは「自発」、エは「受け身」をそれぞれ表しています。

答え

学習した日　月　日

2 次の文を読んで、後の問いに答えましょう。

① この映画《えいが》は、すごくおもしろいらしい。

(1) ——線部の「らしい」と同じ意味のものを、次のア〜エから選んで記号に○をつけましょう。

ア 子どもらしい明るい笑い声がはじけた。

イ かれは第一志望の学校に入学したらしいね。

ウ 受験シーズンらしい空気がただよっている。

エ かわいらしい男の子が手をふってくれた。

(2) ——線部の「らしい」と同じ意味の「らしい」を使って、文を作りましょう。

② 明日の天気は雨のようだ。

(1) ——線部の「ようだ」と同じ意味のものを、次のア〜エから選んで記号に○をつけましょう。

ア 真っ赤なほおがりんごのようだ。

イ まるで映画《えいが》のワンシーンのようだ。

ウ どうやら決着がついたようだ。

エ 屋上から見ると、車がおもちゃのようだ。

(2) ——線部の「ようだ」と同じ意味の「ようだ」を使って、文を作りましょう。

ステップ **3**

⇓助動詞《じょどうし》と助詞《じょし》の使い方（3）

助詞《じょし》・助動詞《じょどうし》で言いかえる

学習した日　　月　　日

1 次の指示にしたがって、□にひらがなを入れましょう。

① (1)と(2)の文が反対の意味になるように

(1) 一時間待っ□□、友人は待ち合わせ場所にやってきま□□。

(2) 一時間待っ□□、友人は待ち合わせ場所にやってきま□□。

② (1)と(2)の文が同じ意味になるように

(1) あまりの苦しさ□、思わず顔をゆがめた。

(2) あまりの苦しさ□、思わず顔をゆがめた。

助詞《じょし》や助動詞《じょどうし》をうまく使えば、自由自在に文を書きかえることができるよ。

② 次の指示にしたがって、□にひらがなを入れましょう。

① (2)が受け身の形になるように

(1) とつぜん雨が降《ふ》ってきて弱った。

(2) とつぜん雨に降《ふ》□□□弱った。

② (2)が、だれか他の人から聞いたという意味になるように

(1) 簡単《かんたん》な技なので、子どもでさえもこなしてしまう。

(2) 簡単《かんたん》な技なので、子どもでさえもこなしてしまう□□□。

③ ①〜③の――線部はすべて、ある共通する言葉で言いかえることができます。三文字で答えましょう。

① 熱を出したために試験が受けられなかった。

② 待ち合わせに三分ほどおくれてしまった。

③ 肉だけ食べないで、野菜も食べなさい。

言いかえる言葉 □□□

ステップ 4

一文の論《ろん》理《り》構造と要点（1）

一文の構造を図式化する

学習した日　月　日

1 次の文は、後のような図に表すことができます。□の中に当てはまる言葉を書き入れましょう。

山道を　登りきると　あざやかな　新緑の　風景が　目の　前に　広がった。

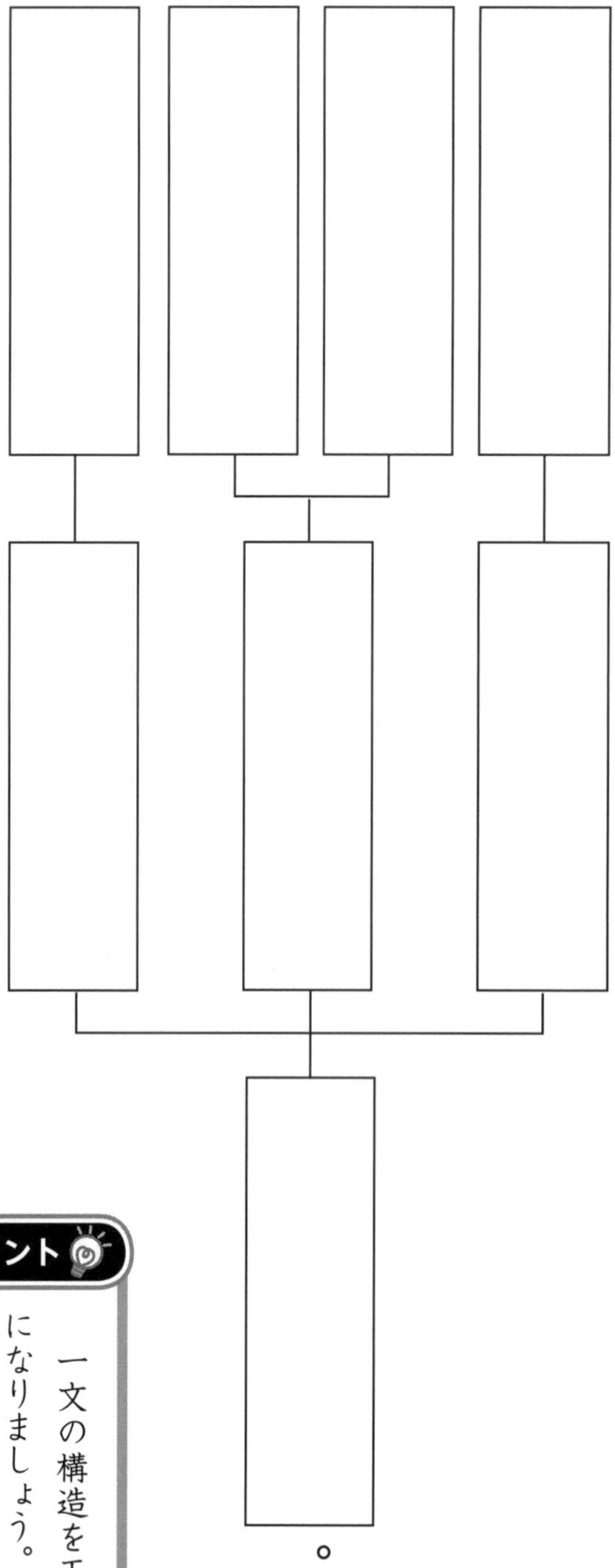

論理ポイント

一文の構造を正確につかめるようになりましょう。長い一文も、こうして言葉ごとに分けていけば、すっきりと理解できます。

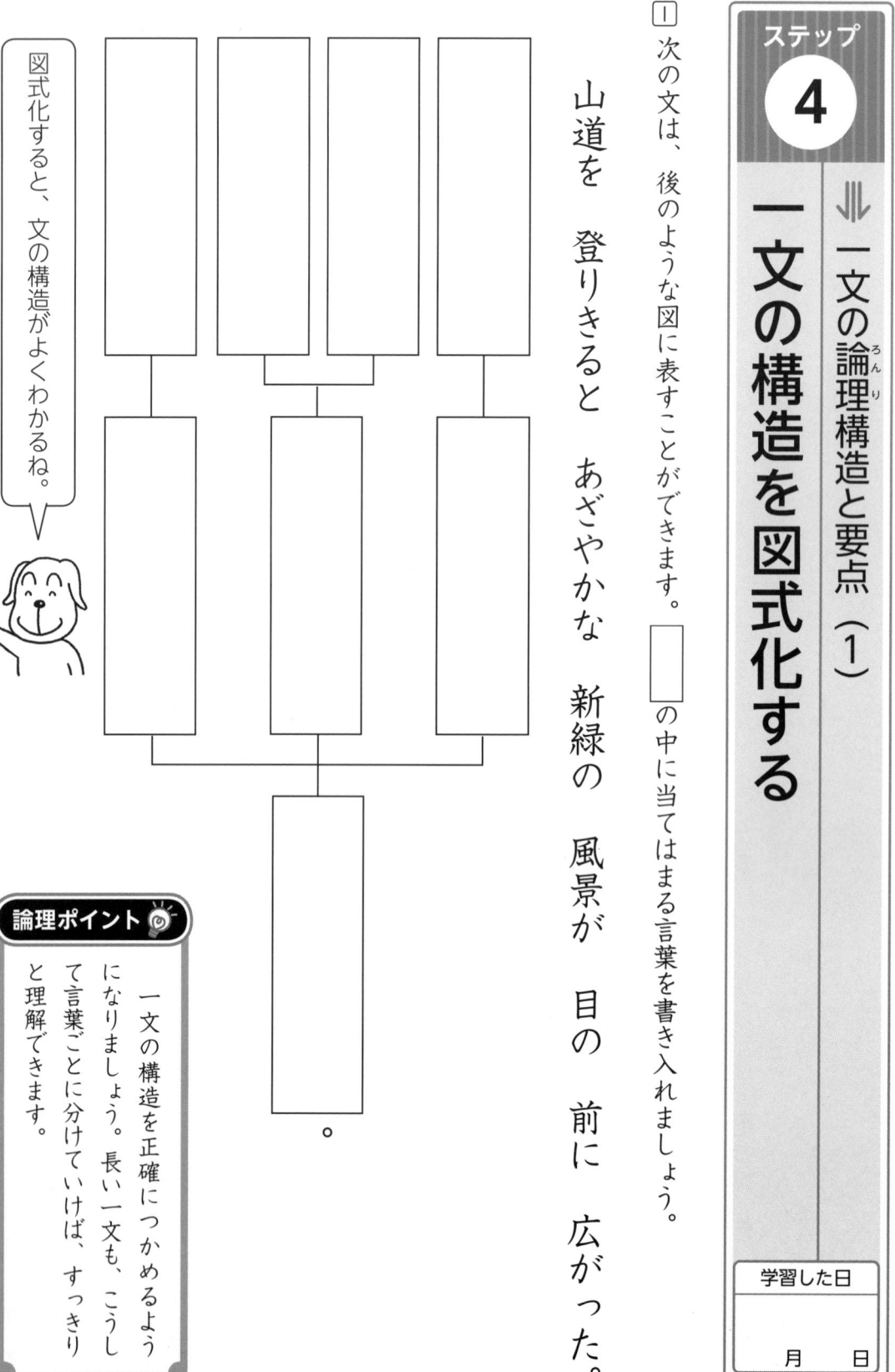

2 次のような構造をもつ文を考え、□に言葉を書き入れましょう。

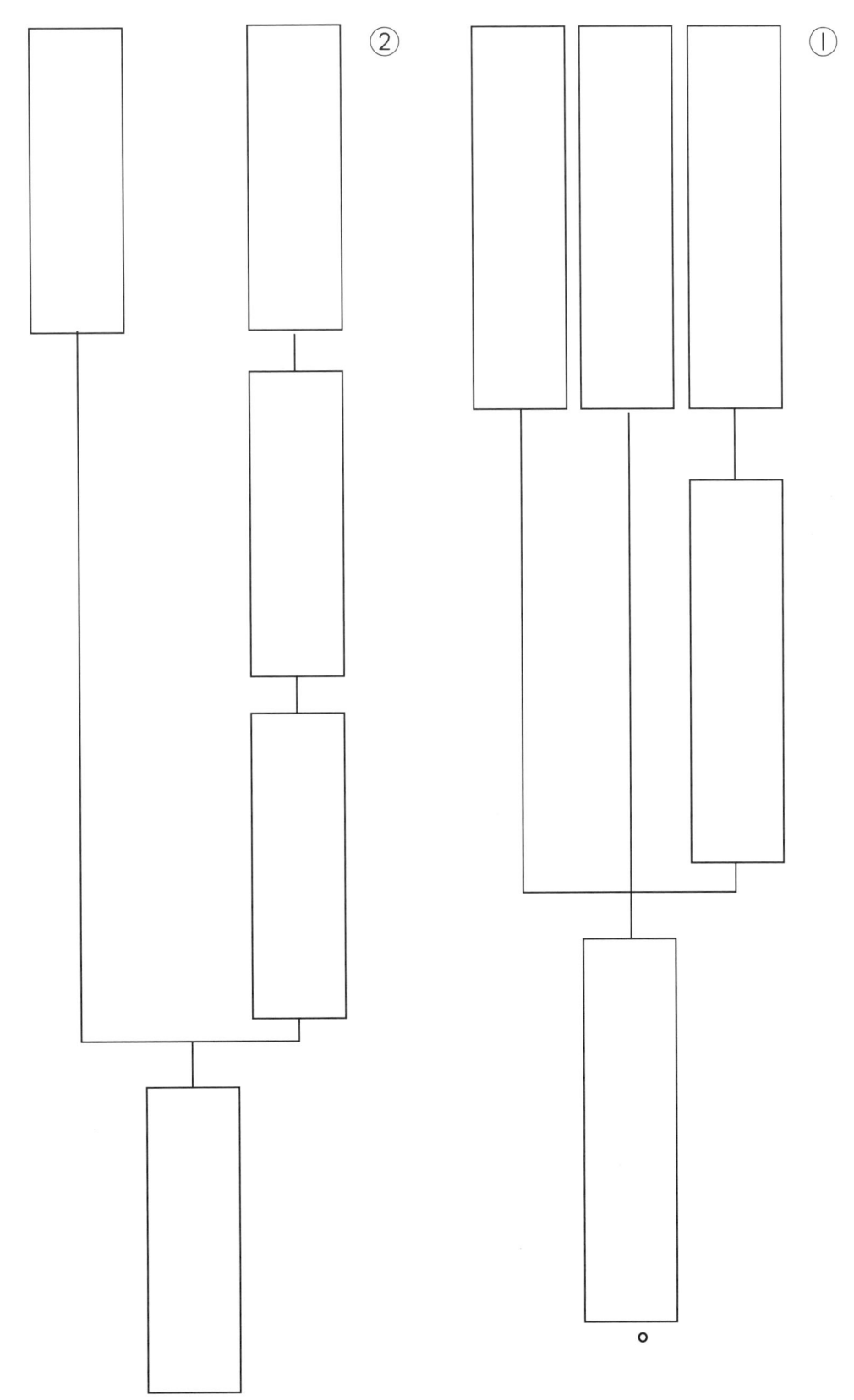

①

②

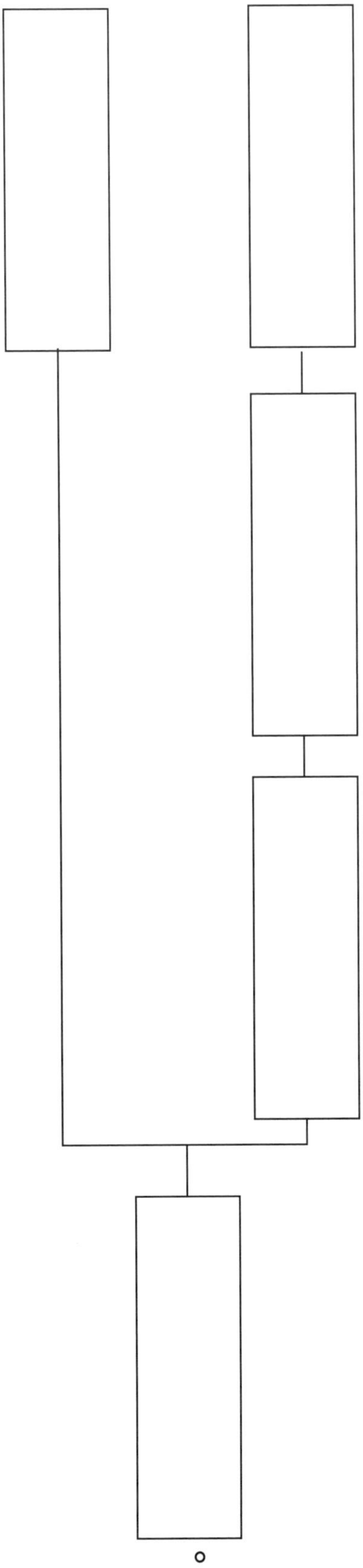

ステップ 4

一文の論理《ろんり》構造と要点（2）

要点をまとめる

学習した日　　月　　日

1 次の文の要点を、八字以内でまとめましょう。

真昼間の表から駆《か》け込《こ》んだ茶の間は、藤棚《ふじだな》の蔭《かげ》で冷《ひ》んやりと暗い。

（武田百合子《たけだゆりこ》『ことばの食卓《しょくたく》』筑摩書房《ちくましょぼう》より）

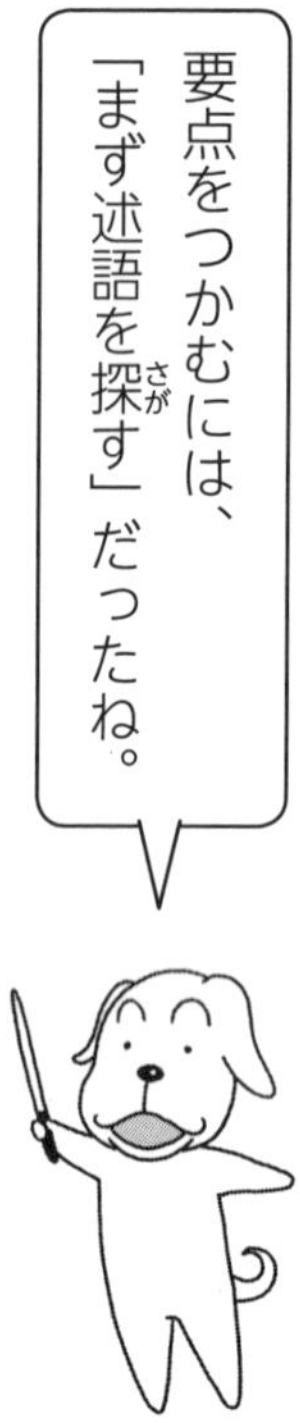
要点をつかむには、「まず述語を探《さが》す」だったね。

要点　□□□□□□□□。

論理ポイント

文の要点をつかみ、字数や条件に合わせてまとめることは、記述問題や要約問題を解くための第一歩です。

ここでは、字数の制限により、要点は主語と述語だけになります。

2 次の文の――線部の要点を、(1)は二十字程度、(2)は十字程度でまとめましょう。

※習っていない漢字は、ひらがなで書いてもかまいません。

(1)松坂屋の屋上の空にあった黒い雲が拡《ひろ》がり、ぐんと低く下って、動物園の方の空へ動いて行く。空全体が妙《みょう》に黄ばんできた。冷たい突風《とっぷう》が不忍池《しのばずのいけ》の方から一吹《ふ》き吹《ふ》き上げて過ぎた。(2)羽音を立てて鳩《はと》が全部飛び立ち、森へ消えた。胸《むね》もとに一粒《つぶ》、大粒《つぶ》の雨がきた。

（武田百合子《たけだゆりこ》『ことばの食卓《しょくたく》』筑摩書房《ちくましょぼう》 より）

(1)

(2)

ステップ **4**

一文の論理《ろんり》構造と要点（3）

長い文の要点

学習した日　　月　　日

１ 次の文を読んで、後の問いに答えましょう。

冷蔵庫《れいぞうこ》の中はケーキの箱を入れる隙間《すきま》がなかったから、ぼくは、ラップがかかっている漬物《つけもの》やハムのお皿をどけて、瓶詰《びんづめ》のらっきょうや紅《べに》しょうがを整理して、納豆《なっとう》のパックを横にやって、ケーキのためのスペースを作った。

（椰月美智子《やづきみちこ》『しずかな日々』講談社　より）

長い文だなあ。でも、たたみかけるような表現から、主人公がてきぱきと動いているようすが伝わってくるね。

(1) 文の要点を、二十字前後でまとめましょう。

論理ポイント

「主語―述語」の関係を複数ふくむまとまった文章でも、要点のつかみ方は同じです。この文の要点は、まず、述語「作った」と主語「ぼくは」。字数が足りないので、目的語などを補《おぎな》います。

② 「ぼくは」の述語にあたる言葉を文中からすべてぬき出しましょう。

一文の中に述語がたくさんあるね。要点をまとめる上で述語を見つけることは大切だけど、そのすべてが要点になるわけではないということだね。

③ 文の要点を、三十五字前後でまとめましょう。

※習っていない漢字は、ひらがなで書いてもかまいません。

①の問題と比べて、字数が多くなっているよ。どんな言葉を加えればいいかな?

ステップ 5

一文の変形と作文（1）

言葉の組み合わせ

学習した日　月　日

1 次の四つの語を使って、ます目に合わせて文を作りましょう。

① 夏　こたえる　暑さ　体

。

② つらい　ひとり　私《わたし》　ではない

。

2 次の問題に答えましょう。

① 例を参考にして、Aのグループのカードと Bのグループのカードを組み合わせて文を作りましょう。すべて、体に関係のある言葉を使った慣用句になります。

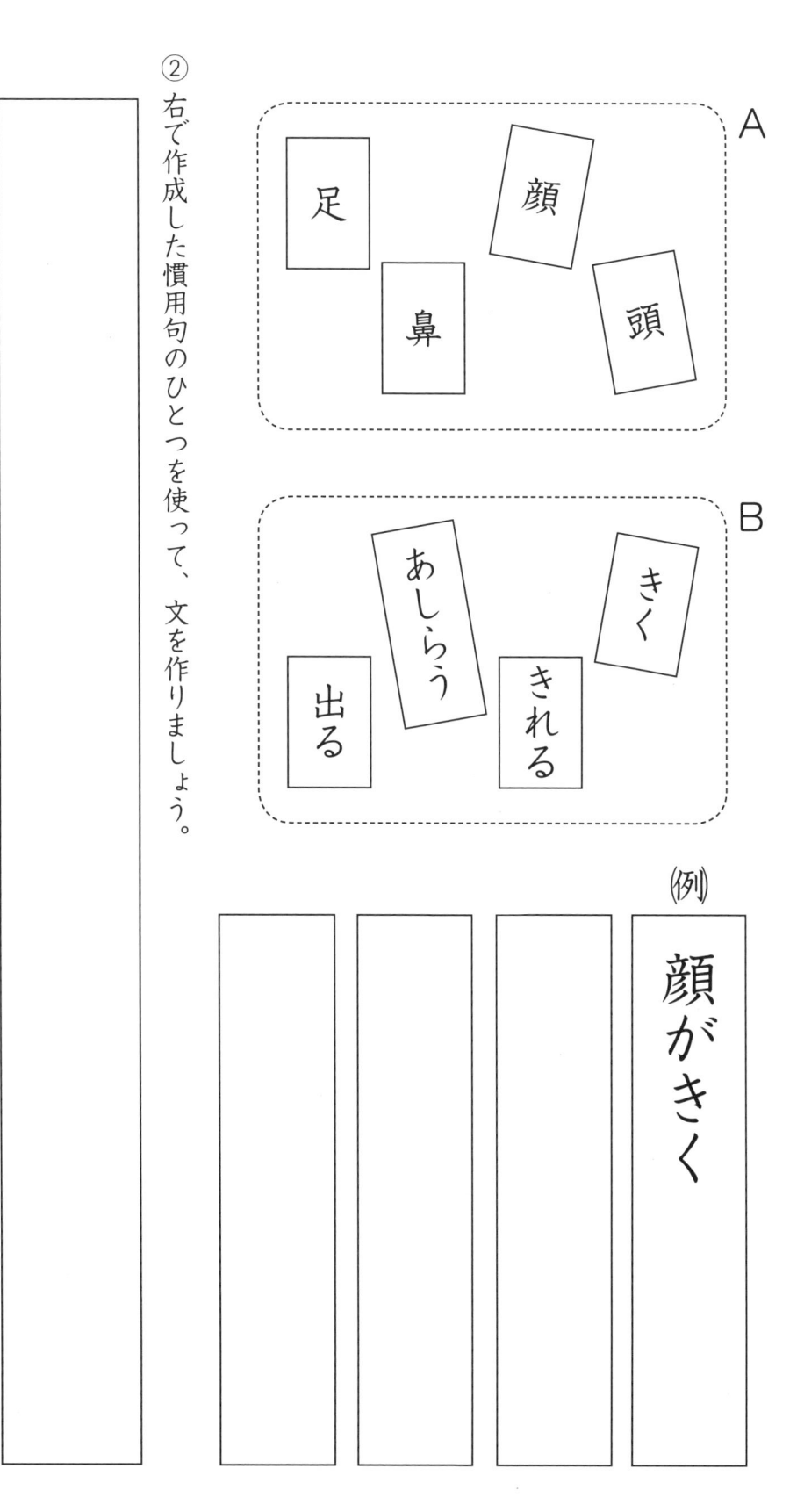

A

顔　頭　足　鼻

B

きく　あしらう　きれる　出る

(例) 顔がきく

② 右で作成した慣用句のひとつを使って、文を作りましょう。

ステップ **5**

⇓一文の変形と作文（2）

いらない言葉

学習した日　　月　　日

1 言葉の書かれたカードがばらばらに落ちています。正しい順序にならべて、一文を作りましょう。ただし、不必要な言葉が三つあります。

しみじみと

弟が

いからせて

試合に

落として

歌っている

帰ってきた

かたを

とぼとぼと

負けた

ならべかえてできた文

論理ポイント

「試合に―負けた」「かたを―落として」など、言葉がつながるところを探《さが》します。「とぼとぼ」「しみじみ」は、擬態語《ぎたいご》（物事の様子などがいかにも伝わるように表す言葉）です。「かたを落として」いる様子を表す擬態語《ぎたいご》としてふさわしい方を選びます。

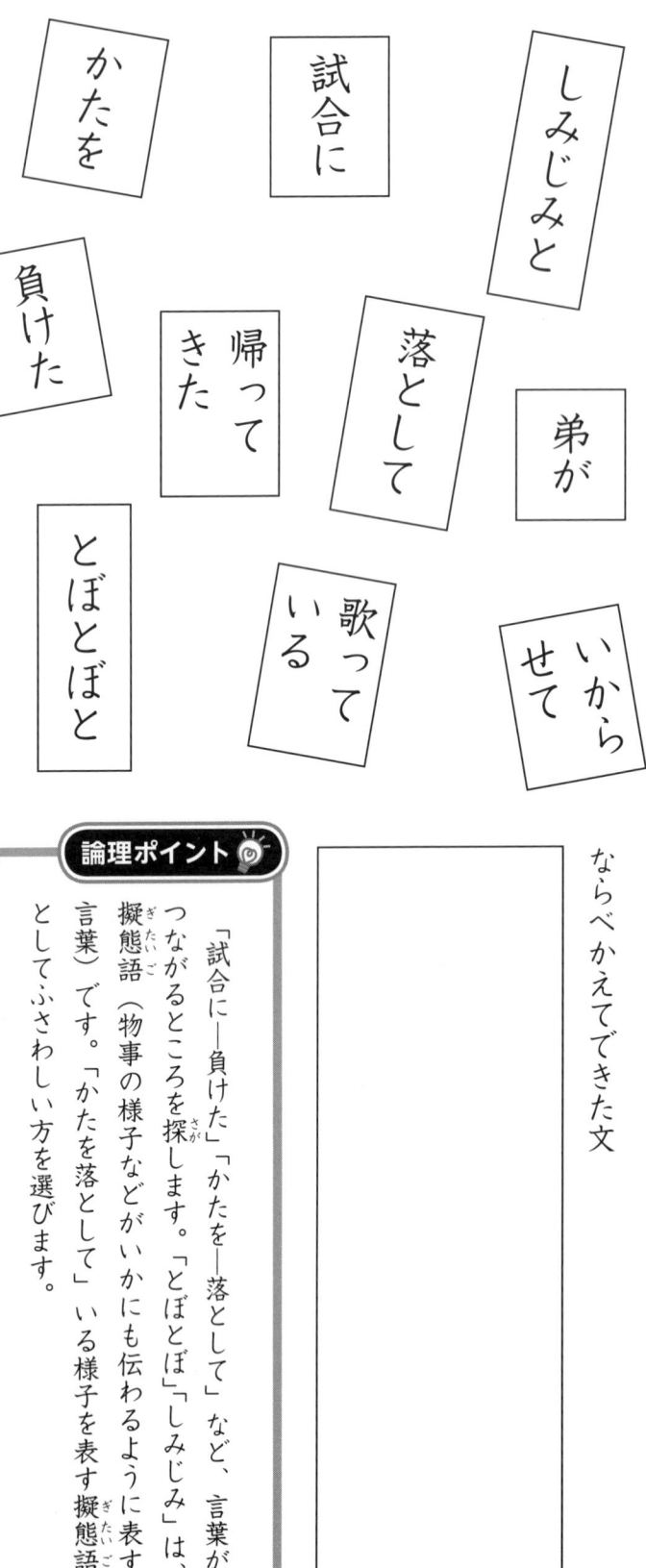

2 次の言葉を正しい順序にならべかえて、一文を作りましょう。ただし、不必要な言葉が二つあります。

①

割《わ》って　母が
大切に　だった
花びんを　しまい
おろおろ　する
していた　いそいそ

ならべかえてできた文

②

今から　だろう
でたらめでも　もはや
木村君の　まんざら
なさそう　発言は
だった　思うと

ならべかえてできた文

ステップ 5

文の書きかえ

⇓ 一文の変形と作文（3）

学習した日
月　日

1 次の会話文を読んで、ます目に入る言葉を考えて書きましょう。

私《わたし》「自転車で転んで、ひざをすりむいてしまって…」

父「そんなけがをするなんて、注意不足としかいいようがない」

姉「そうよ。□□□□だから、

□□□□□□□□のよ」

私《わたし》「もう、同じことを二度言われなくても、十分反省してるよ！」

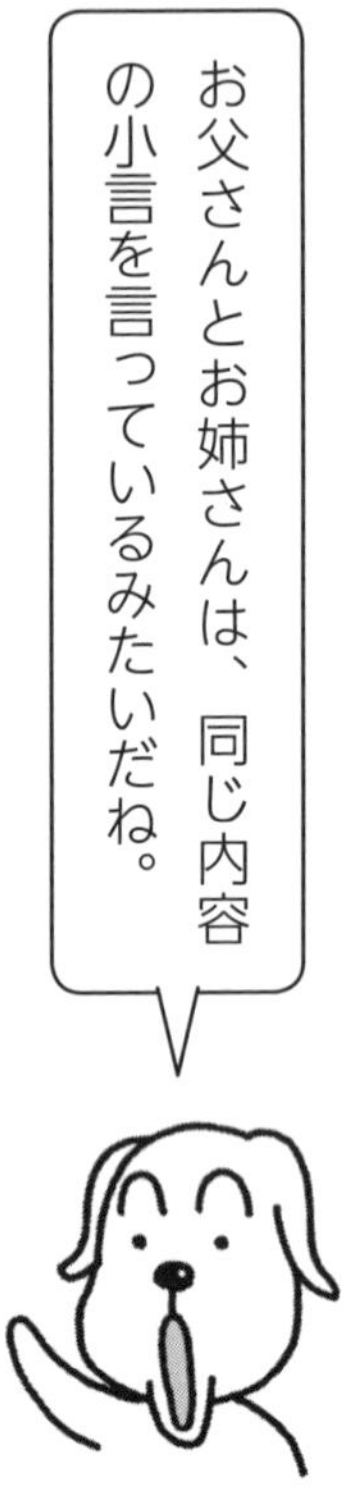
お父さんとお姉さんは、同じ内容の小言を言っているみたいだね。

② 次の文を、それぞれ（　　）の指示にしたがって書き直します。ます目にあてはまる言葉を考えて書きましょう。

① 一昨年の台風は町に大きな被《ひ》害《がい》をもたらした。（「町は」を主語にする）

→ 一昨年の台風□□□、町は大きな被《ひ》害《がい》を受けた。

② ぼくはサッカー観戦が大好きだ。（打ち消しの「ない」を一回使って意味を強める）

→ ぼくはサッカー観戦ほど□□□□□□□□。

③ 彼女《かのじょ》はきっとできる。（打ち消しの「ない」を二回使って意味を強める）

→ 彼女《かのじょ》に□□□□□□□□□。

ステップ 5

文を組み合わせる

一文の変形と作文（4）

学習した日　　月　　日

1 次の①～③の文を合わせて一文を作りましょう。

① 母は毎朝、ウォーキングをしている。

② 母は友人とウォーキングをしている。

③ 母は健康のためにウォーキングをしている。

三つの文に共通する言葉がいくつかあるわね。

論理ポイン

主語の「母」と述語の「している」、目的語の「ウォーキングを」が共通しているので、一文の要点は「母はウォーキングをしている」になります。残りの言葉を、関係を意識してつなげていきましょう。

2 例を参考にして、①～③の文を、順番を変えずに一文にしましょう。

(例)

① 私《わたし》は小さいころ、背《せ》が低いことになやんでいた。
② そこで、毎日牛乳《ぎゅうにゅう》を1リットルずつ飲んでいた。
③ しかし、その効果があったのかどうかはわからない。

→ 私《わたし》は小さいころ、背《せ》が低いことになやんでいたので、毎日牛乳を一リットルずつ飲んでいたが、その効果があったのかどうかはわからない。

① 今朝、ぼくはいつもより十五分早く家を出た。
② しかし、電車が強風でおくれていた。
③ だから、結局学校にはちこくしてしまった。

この問題文には「しかし」
「だから」などの接続語
がついているね。接続
語については、この次の
ステップで勉強するよ。

ステップ 6

⇓指示語と接続語（1）

指示語の内容をぬき出す

学習した日

月　日

1 次の――線部「それ」が指す内容を、文中からぬき出しましょう。 ※習っていない漢字は、ひらがなで書いてもかまいません。

「ネコをさがしています」という貼《は》り紙を、きみは町かどで見かけたことはないだろうか。飼っていたネコが、なにかの拍子《ひょうし》で家に帰ってこなくなったとき、飼い主が心配して、悲しんで、無事であることを祈《いの》りながら書いた貼《は》り紙だ。

ぼくは散歩の途中《とちゅう》でそれを見つけるたびに、胸がきゅっと締《し》めつけられてしまう。

（重松清『くちぶえ番長』新潮社《しんちょうしゃ》より）

ネコを
さがしています
名前は〇〇です
090-00XX-00XX

論理ポイント

同じ内容のくり返しをさけるために使う言葉が「指示語」です。指示語が指している内容を探《さが》すときは、まずは指示語の前から。見つからなければ、指示語のうしろを探《さが》します。

答え

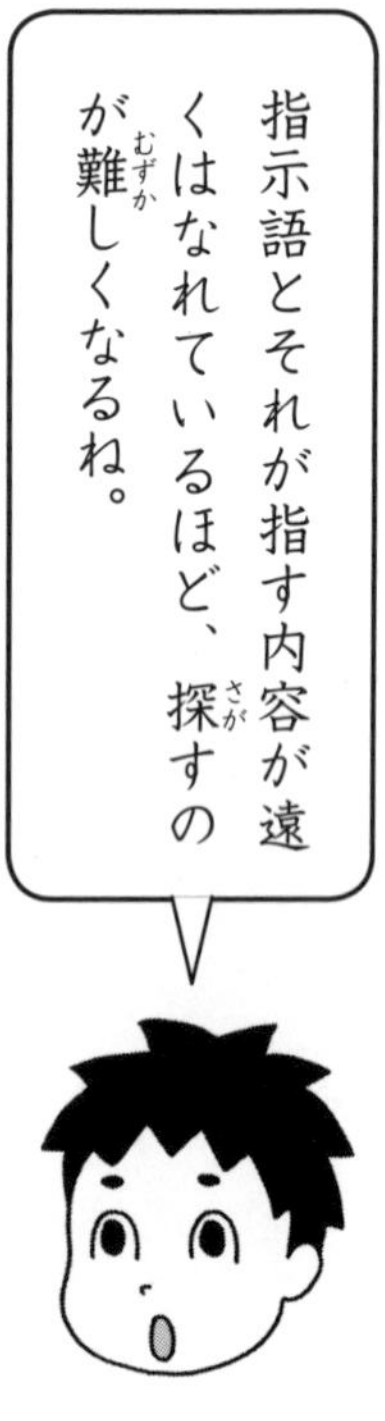
指示語とそれが指す内容が遠くはなれているほど、探《さが》すのが難《むずか》しくなるね。

2 次のまんがを読んで、下の問いに答えましょう。

※習っていない漢字は、ひらがなで書いてもかまいません。

てんとう虫コミックススペシャル『ドラえもんカラー作品集』3巻「大げさカメラ」より
©藤子プロ・小学館

① (1)――の「こんなこと」とは、どんなことですか。二枚《まい》の写真から推測《すいそく》して、二つ書きましょう。

② (2)――の「そんなこと」が指すせりふをまんがからぬき出しましょう。

ステップ
6

いろいろな接続語

指示語と接続語（2）

学習した日
月　日

1 次の文を、適当な接続語を使った「二文」に書き直しましょう。

① 駅までけんめいに走ったが、電車に乗りおくれてしまった。

② 台風が近づいているので、サッカーの試合は中止となった。

③ サン＝テグジュペリは小説家であり、パイロットでもあった。

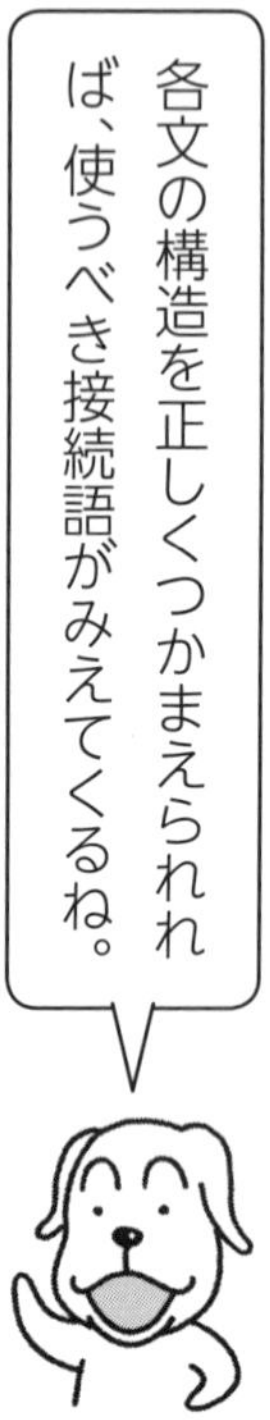
各文の構造を正しくつかまえられれば、使うべき接続語がみえてくるね。

①

②

③

2 次の文の（　　）に入る接続語を後から選びましょう。ただし、同じ言葉を二回使ってはいけません。

人間は、どんな人だって、一人の人間として経験することに限りがある。（(1)）、人間は言葉というものをもっている。（(2)）、自分の経験を人に伝えることも出来るし、人の経験を聞いて知ることも出来る。（(3)）、文字というものを発明したから、書物を通じて、お互《たが》いの経験を伝えあうことも出来る。

（吉野源三郎《よしのげんざぶろう》『君たちはどう生きるか』岩波書店　より）

しかし　　だから

なぜなら　　その上に

(1)

(2)

(3)

論理ポイント

「接続語とは、前後の語句と語句や、文と文、段落《だんらく》と段落《だんらく》をつなぐ働きをする言葉です。

主な接続語には、次のようなものがあります。

①前の内容が、後の内容の原因（理由）となる〔順接〕。
（例）だから、したがって、すると、そこで

②前の内容とは逆の内容が後にくる〔逆接〕。
（例）しかし、だが、ところが

③前に結果、後に原因（理由）がくる〔理由〕。
（例）なぜなら、というのは

④前後が対等の関係になる〔並立《へいりつ》（並列《へいれつ》）〕。
（例）また、および

⑤前の内容に後の内容を付け足す〔累加《るいか》（添加《てんか》）〕。
（例）しかも、そして、そのうえ

ステップ 6

指示語と接続語（3）

指示語・接続語に注意して文を読む

学習した日　月　日

1 次の文を読んで、下の問いに答えましょう。

「食物連鎖《れんさ》」という言葉を知っていますか。

草はバッタに食べられ、バッタはカエルに食べられ、（⑴）カエルはヘビに食べられ……というように、すべての生き物は「食べる」「食べられる」という関係でつながっています。そのつながりを、鎖《くさり》にたとえて食物連鎖《れんさ》と呼《よ》ぶのです。

私《わたし》たち人間も、もちろんその鎖《くさり》の一部です。ただし、この鎖《くさり》からはちょっと外れているとも考えられます。（⑵）、人間は基本的には「食べられる」ことがないからです。「食べる」一方の強い存在《そんざい》、それが自然界における人間です。

しかしその事実は、人間をごうまんにさせるこ

① （⑴）にあてはまる接続語を次から一つ選びましょう。

しかし　さらに　だから

② （⑵）にあてはまる接続語を次から一つ選びましょう。

だが　なぜならば　そして

ともあります。おそれる敵がいないせいで、自然に生かされていながら、自らもまた、[a]それに依存《いぞん》して生きるはかない生物に過ぎないということを忘《わす》れてしまうのです。そればかりか、自然を軽んじ、そまつにすることさえあります。[b]そういう態度が、近年の環境《かんきょう》破壊《はかい》などの問題と、根っこの方でつながっているとは考えられないでしょうか。

③ a——の「それ」が指す内容を、文中から二文字でぬき出しましょう。

□□

④ b——「そういう態度」が指す内容を、次のます目に合うように文中からぬき出しましょう。

□□□□□□、
□□□□□□こと

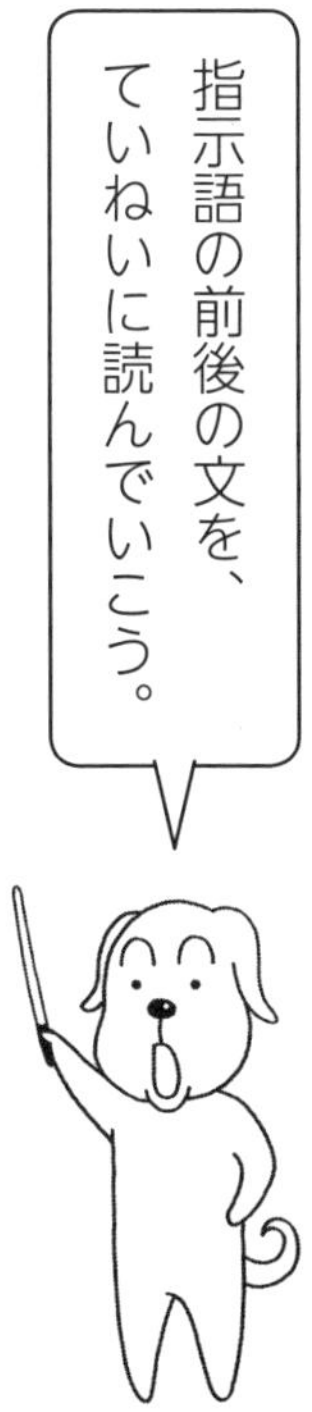
指示語の前後の文を、ていねいに読んでいこう。

ステップ 7

話題と筆者の主張（1）

話題をつかむ

学習した日　　月　　日

1 次の文章を読んで、下の問いに答えましょう。

地産《ちさん》地消《ちしょう》の原点は、食べものはどこの誰《だれ》がつくったのか、確実にわかるものを食べるということです。それなら安心と安全が保証できます。そのためには消費者の地元の食べものならばまちがいありませんし、そのうえ新鮮《しんせん》でおいしいのです。さらに、地元の農家は田畑の近くで農産物が売れるので豊かになります。そういうことを実践《じっせん》しながら「昔にもどりましょう」ということが、（　　　）の考え方なのです。

（小泉武夫《こいずみたけお》『いのちをはぐくむ農と食』岩波書店　より）

①（　　）には、この文章の話題（テーマ）となる言葉が入ります。あてはまる言葉を文中からぬき出しましょう。

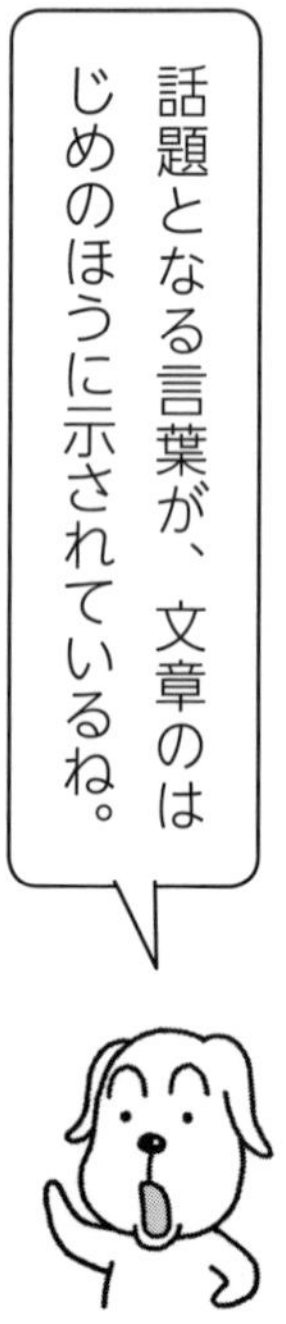
話題となる言葉が、文章のはじめのほうに示されているね。

論理ポイント

ここでは、まとまった長さの文を論理的《ろんりてき》に読むために、文の「話題」を意識することを学びます。話題とはつまり、その文を通して筆者がもっとも伝えたいこと。その後、その話題について筆者は何を思い、どう考えているのかという「筆者の主張」をつかまえるようにします。

話題をつかむには、文章のはじめのほうに出てくる言葉や、くり返し出てくる言葉に注目します。話題となる言葉は文章のキーワードであることも多いので、①のように、空らん補充《ほじゅう》問題として出題される場合もよくあります。

2 次の文章を読んで、下の問いに答えましょう。

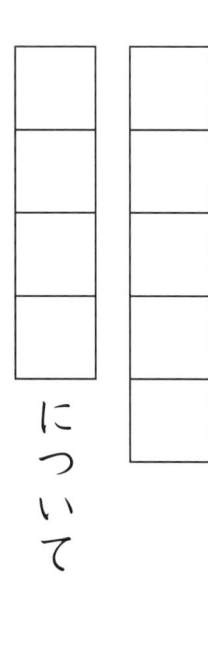

本に書いてない知識というものがある。ただ、すこし教育を受けた人間は、そのことを忘《わす》れて何でも本に（ (1) ）と思いがちだ。本に（ (2) ）有用なこと、生活の中で見つけ出すまでは、だれも教えてくれない知識がどれくらいあるか知れない。

（外山滋比古《とやましげひこ》『思考の整理学』筑摩書房《ちくましょぼう》 より）

① （ (1) ）（ (2) ）に入る言葉としてふさわしいものを、それぞれ選んで○で囲みましょう。

(1) 書いてある　書いてない

(2) 書いてあって　書いてなくて

② この文章の話題（テーマ）は何ですか。後のます目に合う形で答えましょう。

□□□□□

□□□□について

ステップ 7

話題と筆者の主張（２）

話題と主張をつかむ（１）

学習した日　　月　　日

□1 次の文章を読んで、下の問いに答えましょう。

おもしろいことに、朝の頭は楽天的であるらしい。前の晩《ばん》に仕上げた文章があって、とてもこれではいけない。明日になってもう一度、書き直しをしよう、などと思って寝《ね》る。一夜明けて、さっぱりした頭で読み返してみると、まんざらでもないという気がしてくる。これでよいことにしようと考えなおす。

（外山滋比古《とやましげひこ》『思考の整理学』筑摩書房《ちくましょぼう》より）

① この文が話題としているものは何でしょう。次のます目に合う形で答えましょう。

□□□ について

② 筆者の主張を、十字以内で文中からぬきだしましょう。

③ この文は、ある随筆《ずいひつ》の一部です。次のヒントを参考に、随筆《ずいひつ》の題名を考えて答えましょう。

ヒント１：「きわめて簡単《かんたん》なこと」という意味の言葉。

ヒント２：漢字で三文字

□□□

2 次の文章を読んで、下の問いに答えましょう。

すべての動物にとっての食物はほかの動植物であり、生きるとはほかの命を頂戴《ちょうだい》することである。人間も例外ではない。さて、食物が動植物である以上、食べられるほうは命を奪《うば》われることになる。ことばのあやではなく、食べるという行為《こうい》には常に食べられるという現象がともなうのだが、私《わたし》たちはしばしば「食べる」ことを、食べる側からとらえ、食べられる側のことに思いがいたらないことが多い。食べることは栄養を摂取《せっしゅ》することであると同時に、他の生物とのつながりをもつということなのである。

（高槻成紀《たかつきせいき》・南正人『野生動物への２つの視点』筑摩書房《ちくましょぼう》 より）

① この文を次のようにまとめたいと思います。（⑴）には話題となる言葉を、（⑵）には話題に対する筆者の主張を書きましょう。

（⑴）は、（⑵）ということである。

⑴

⑵

ステップ **7**

⇓話題と筆者の主張（3）

話題と主張をつかむ（2）

学習した日　　月　　日

1 次の文章を読んで、下の問いに答えましょう。

自分の過ちを認《みと》めることはつらい。しかし過ちをつらく感じるということの中に、人間の立派《りっぱ》さもあるんだ。「王位を失った国王でなかったら、誰《だれ》が、（⑴）にいないことを悲しむものがあろう。」正しい道義に従《したが》って行動する能力を備えたものでなければ、（⑵）を思って、つらい涙《なみだ》を流しはしないのだ。

（吉野源三郎《よしのげんざぶろう》『君たちはどう生きるか』岩波書店 より）

① この文章の話題は何ですか。文中からぬき出して□に書きましょう。

□ を □ ことについて

② この文章で、筆者がもっとも言いたいことを述べている一文はどれですか。その一文の初めの三字をぬき出しましょう。

□

③ 意味が正しく通るように、（⑴）と（⑵）に、文中から言葉を選んで書きましょう。

⑴ □

⑵ □

2 次の文章を読んで、下の問いに答えましょう。

書いてみることのほかに、聴《き》き上手な相手を選んで、考えていることをきいてもらうのも、頭の整理に役立つ。ときには、めったなことを話してはいけないということもある。それと□□するようだが、整理のためにはとにかく表現してみるのがよい。

原稿《げんこう》に書いたものを推敲《すいこう》する場合でも、黙《だま》って読まないで音読すると、考えの乱《みだ》れているところは、読みつかえるからすぐわかる。声も思考の整理にたいへん役立つのである。

（外山滋比古《とやましげひこ》『思考の整理学』筑摩書房《ちくましょぼう》より）

① この文章を次のようにまとめたいと思います。(1)にはこの文章の話題を、(2)には話題に対する筆者の主張を、それぞれます目に合わせて文中からぬき出して書きましょう。

(1)□□□□のためには(2)□□□□□□のがよい。

② ――線部「頭の整理」と同じ意味を表す言葉を文中から五字でぬき出しましょう。

□□□□□

③ □□に入る言葉としてふさわしいものを○で囲みましょう。

一致《いっち》　矛盾《むじゅん》　脱線《だっせん》　誤解《ごかい》

ステップ 8

算数×論理《ろんり》エンジン（1）

式から場面を考える

1 算数のノートに、次のような式が書いてあります。式が表しているのはどんな場面でしょうか。考えて文にしてみましょう。

論理ポイント

算数の学習も、そのもとにあるのは言葉。自分で問題を作ってみると、そのことがよくわかるはずです。

言葉を正しくあつかえるようになることは、国語だけではなく、算数をはじめとする他の教科の学習のためにも、とても大切なことなのです。

学習した日

月　日

どんな場面？

2 右のページと同様に、次の式が表している場面を考えて文にしてみましょう。

①

式 $x \div 3 = y$

どんな場面？

②

式 $x \times 10 + 5 = y$

どんな場面？

③

式 $x \times y - 5 = 25$

どんな場面？

〈〈〈 答えは「別冊」の26ページに！

ステップ 8

算数×論理《ろんり》エンジン（2）

グラフを読みとる

学習した日　　月　　日

1　ある学校で、六年生の男子と女子の一日の家庭学習の時間を調べ、グラフを作成しました。そのグラフを見ながら、みんなで気がついたことを話し合っています。話し合いの内容を読んで、後の問いに答えましょう。

「男子では、（a）分〜（b）分という人が一番多いね」

「えっ。みんなそんなに勉強してるの？　ぬけがけだよ！」

「だいじょうぶ。20分以下の人もいるから」

「女子はどうかな」

「人数がいちばん多いのは80分〜100分だね」

「100分も勉強する人がいるんだ。すごいなあ」

「男女全体でいうと、（c）分〜（d）分という人が一番多いようだね」

男子の家庭学習時間

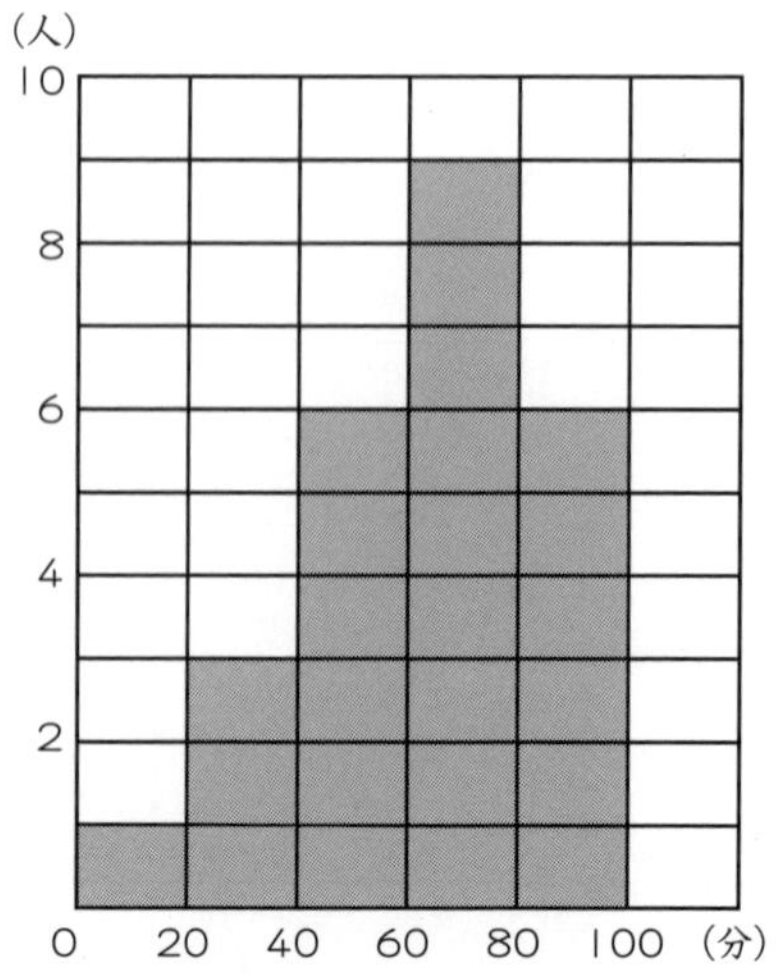

女子の家庭学習時間

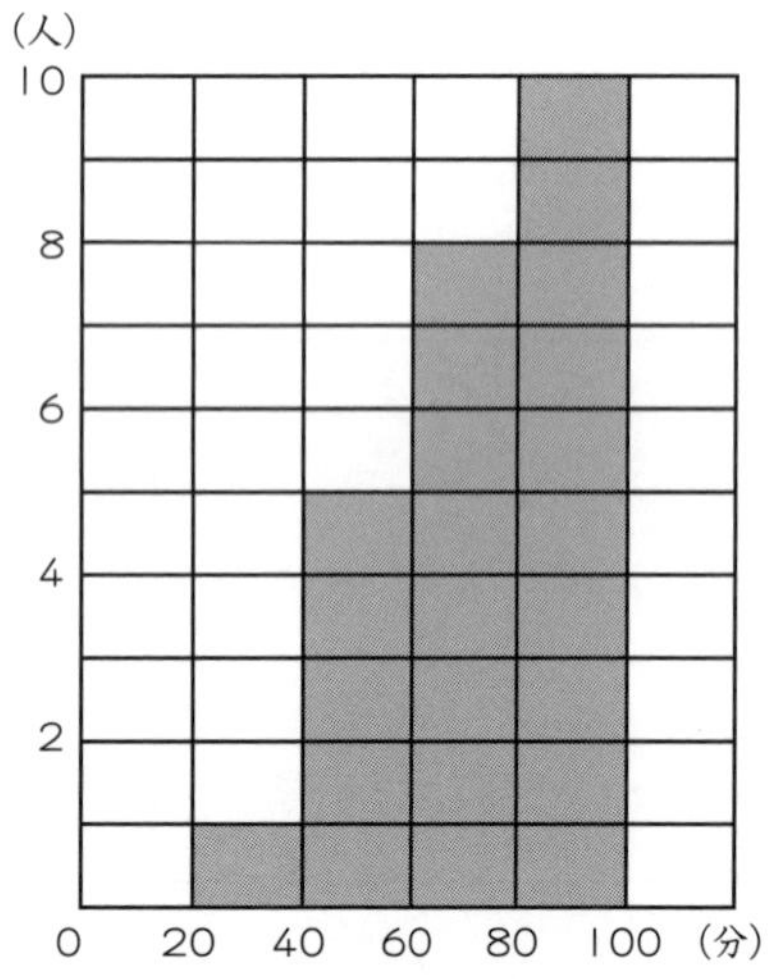

① グラフを見て、(a)(b)(c)(d) にあてはまる数値《すうち》を入れましょう。

a

b

c

d

② 会話の中で、このグラフだけでは判断できないことを話している人がいます。その発言をぬき出しましょう。

③ ②の内容は、なぜグラフだけでは判断できないのですか。理由を考えて書きましょう。

〈〈〈 答えは「別冊」の27ページに！

ステップ **8**

算数×論理《ろんり》エンジン(３)

数字を正しく読みとる

学習した日　　月　　日

1 次の文を読んで、下の問いに答えましょう。

　１９８０年のモスクワ五輪は日本スポーツ界にとって試練になった。米ソの東西冷戦時代で、米国がソ連のアフガニスタン侵攻《しんこう》への制裁《せいさい》措置《そち》としてモスクワ五輪の不参加を決定。これに続いて日本政府は日本オリンピック委員会(ＪＯＣ)に参加するのは望ましくないとの見解を伝え、ＪＯＣも混乱《こんらん》の末に不参加を決めた。逆に84年のロサンゼルス五輪はソ連など東側諸国《しょこく》がボイコット。そんな中、モスクワ五輪に出られなかった柔道《じゅうどう》の山《やま》下泰裕《したやすひろ》が金メダルを獲得《かくとく》した。

　日本選手団の規模《きぼ》は拡大《かくだい》し、ロサンゼルス五輪は３０８人、ソウル３３７人、バルセロナ３７７人。96年のアトランタ五輪では(⑴)人になって

① １９８４年から１９９２年の間に、何名の日本人選手がオリンピックに参加しましたか。式と答えを書きましょう。

式

答え

② (⑴)に入る数字を次から選び、記号に丸をつけましょう。

自国開催《かいさい》の64年東京五輪の４３７人を上回り、前回の北京五輪は史上最多の５７６人。（(2)）、野球とソフトボールが正式競技から除外《じょがい》された影響《えいきょう》もあり、ロンドンは５１８人と減少した。

（２０１２年７月27日付毎日新聞より抜粋《ばっすい》）

主なオリンピックの開催《かいさい》年と開催《かいさい》地

１９６４年　東京（日本）
１９６８年　メキシコシティ（メキシコ）
１９７２年　ミュンヘン（西ドイツ）
１９７６年　モントリオール（カナダ）
１９８０年　モスクワ（ソビエト連邦《れんぽう》）
１９８４年　ロサンゼルス（アメリカ）
１９８８年　ソウル（韓国《かんこく》）
１９９２年　バルセロナ（スペイン）
１９９６年　アトランタ（アメリカ）
２０００年　シドニー（オーストラリア）
２００４年　アテネ（ギリシャ）
２００８年　北京（中国）
２０１２年　ロンドン（イギリス）

ア　４３０
イ　４９９
ウ　５７７

③（(2)）に入る接続語として、ふさわしいものを考えて書きましょう。

④ 記事の内容として、誤《あやま》っているものに×をつけましょう。

ア（　）オリンピックに参加する日本人選手の数は増加の一途《いっと》をたどっている。

イ（　）ソウル五輪に参加した日本人選手は、東京五輪に参加した人数より１００名多い。

ウ（　）山下泰裕《やましたやすひろ》選手は、モスクワ五輪で金メダルを獲得《かくとく》した。

エ（　）東京五輪とアトランタ五輪に参加した日本人選手の合計は、北京五輪とロンドン五輪に参加した日本人選手の合計よりも少ない。

※文中の「東京五輪」とは、１９６４年に開かれた大会です。

答えは「別冊」の28ページに！

ステップ 9

社会科×論《ろん》理《り》エンジン（1）

自分の考えをまとめて発表する

学習した日　月　日

1 リサさんのクラスでは、「調べ学習にインターネットを使うことに賛成か、反対か」というテーマで討論をすることになりました。そこで、リサさんは自分の意見を発表する前に、考えをメモにまとめました。メモの内容を読んで、後の問いに答えましょう。

リサさんのメモ

【テーマ】

調べ学習にインターネットを使うことに賛成か、反対か

【私《わたし》の意見】

賛成

【賛成の理由】

・自分のほしい情報を素早く探《さが》すことができる。

・情報のこうしん速度が速いので、最新の情報を取得できる。

・情報を受け取るだけでなく、自分からも発信できるので、わからないことがあった場合にネット上で他の人に質問したりできる。

① 反対派《は》の立場になって、リサさんの――線部の意見について反論《はんろん》してみましょう。

② ①に対し、リサさんの立場からさらに反論してみましょう。

③ メモの内容と、反対意見への答えをもとに、発表用の原稿《げんこう》を２００字以内で作成しましょう。

ステップ 9

社会科×論理《ろんり》エンジン（2）

文を正しくならべかえる

学習した日　　月　　日

1 次の文は、日本のある一時代について説明したものです。文を読んで、下の問いに答えましょう。

（ア）さらに、1858年には日米修好通商条約を結び、貿易を開始します。

（イ）来航の翌年《よくねん》には日米和親条約を結び、下田と函館《はこだて》を開港しました。

（ウ）そのため、いざ貿易が始まってみると、国内では品物が不足して物価が高騰《こうとう》し、人々の生活は苦しくなっていくばかりでした。

（エ）しかし、この条約は、日本に関税自主権《じしゅけん》がない、領事裁判権《さいばんけん》を認《みと》めるなど、日本にとって不利なものでした。

①（ア）～（ケ）を正しい順番に並《なら》べかえましょう。ただし、（イ）は二番目にくることとします。

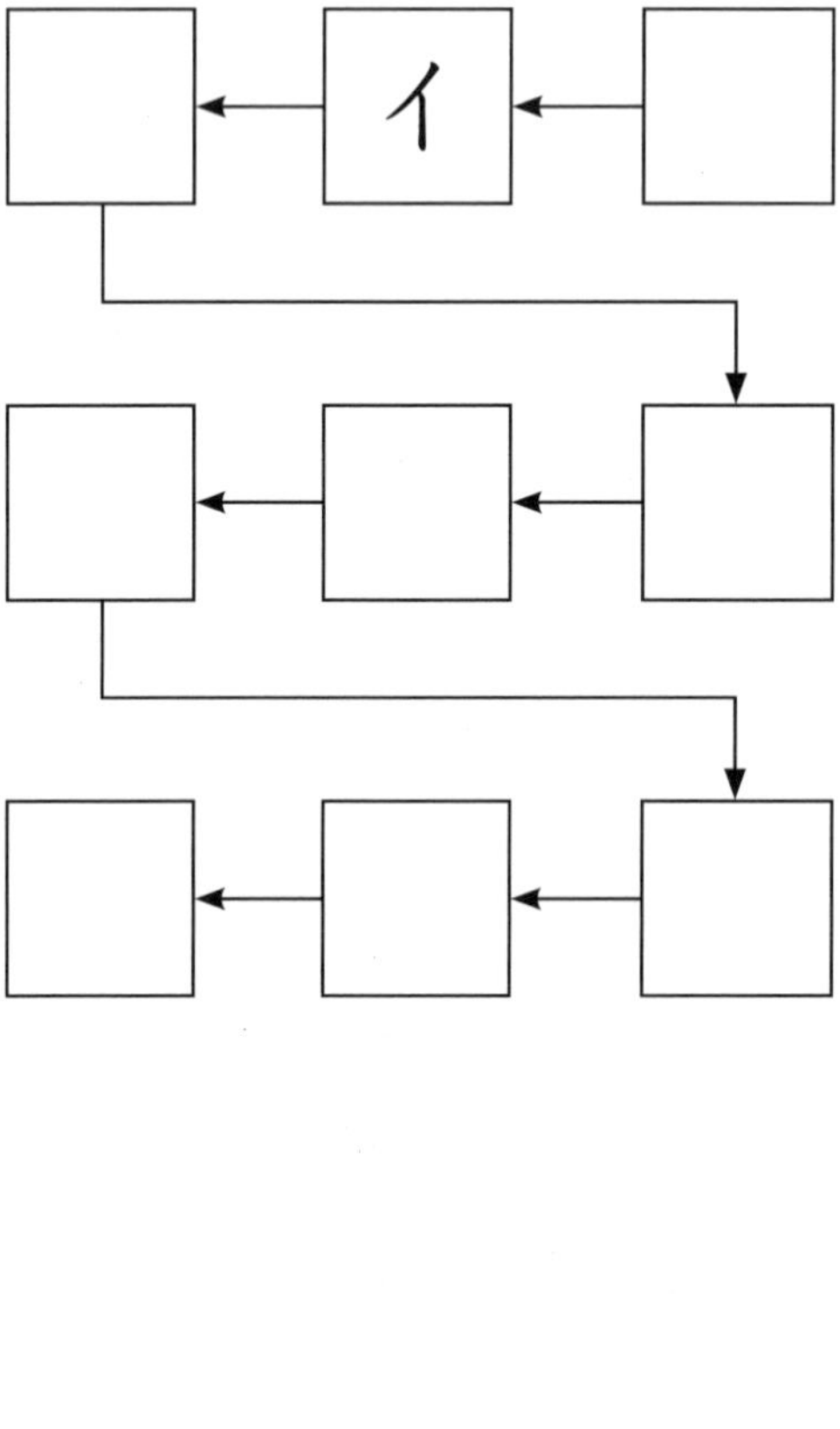

（オ）これにより、日本は200年以上にわたった鎖国《さこく》を終え、開国することとなったのです。

（カ）そして1868年、15代将軍《しょうぐん》徳川慶喜《とくがわよしのぶ》は政権を朝廷《ちょうてい》に返上し、ついに江戸幕府《えどばくふ》は終わりをむかえました。

（キ）そのような状況《じょうきょう》を受け、世の中に幕府《ばくふ》をたおす動きがわき起こります。

（ク）1853年、ペリーが開国を求めて浦賀《うらが》に来航しました。

（ケ）この動きの中心となったのが薩摩藩《さつまはん》と長州藩《ちょうしゅうはん》で、両藩《りょうはん》は軍事同盟《どうめい》を結びました。

② ――線部「この動き」とはどのような動きですか。次のます目に合う形で文中からぬき出しましょう。

動き

③ この文に題名をつけたいと思います。次の（　）に当てはまる言葉を考えて入れましょう。

※習っていない漢字は、ひらがなで書いてもかまいません。

（ a ）から（ b ）の（ c ）までの流れ

a	b	c

ステップ 9 社会科×論理エンジン(3) 話し合いの内容をまとめる

学習した日　月　日

① カズマ君・リサさん・ヒロシ君の三人が、「三権分立」の図を見ながら話し合っています。会話を読んで、後の問いに答えましょう。

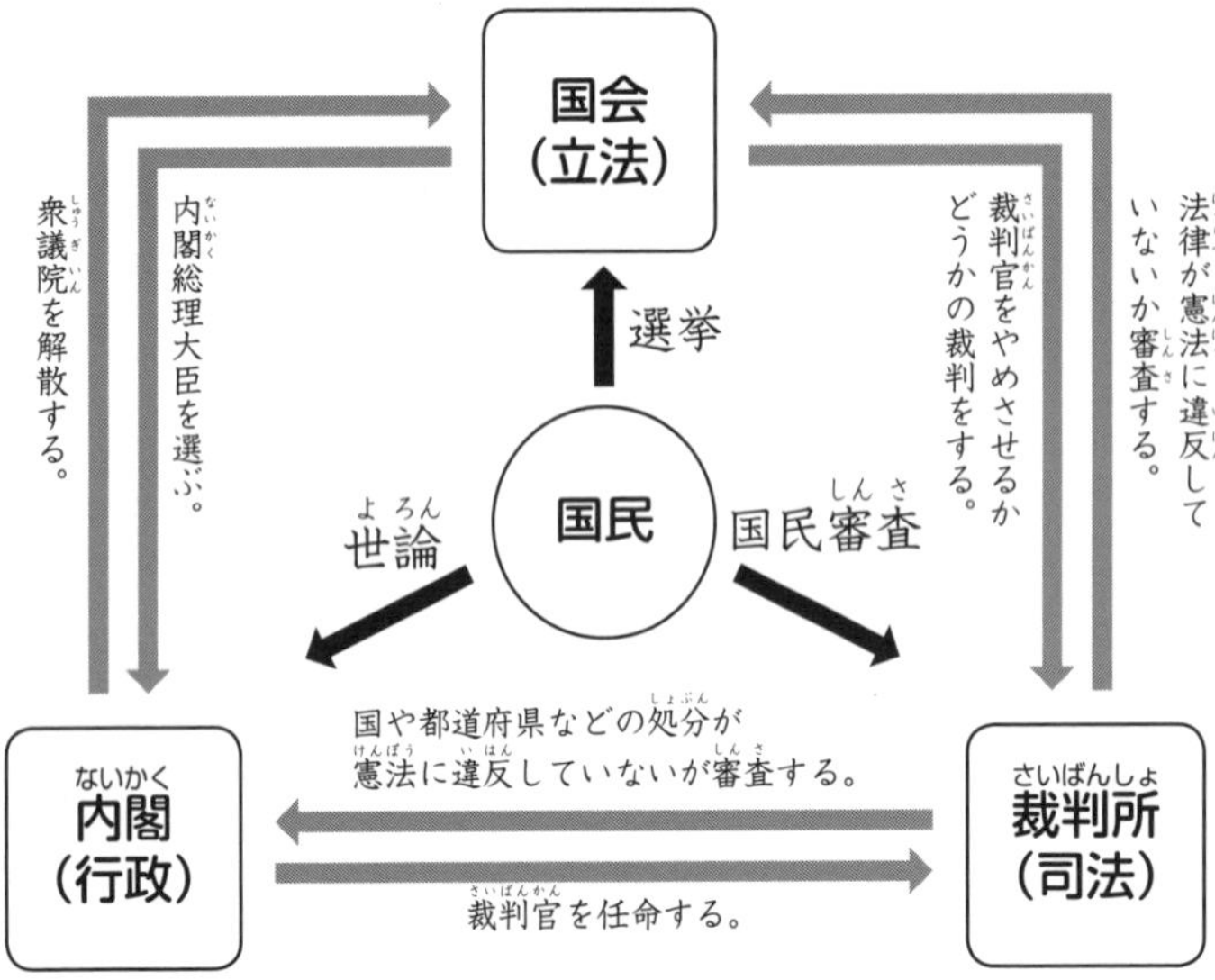

【図】
- 国会（立法）
- 内閣（行政）
- 裁判所（司法）
- 国民

- 国会→裁判所：法律が憲法に違反していないか審査する。
- 裁判所→国会：裁判官をやめさせるかどうかの裁判をする。
- 国会→内閣：内閣総理大臣を選ぶ。
- 内閣→国会：衆議院を解散する。
- 内閣→裁判所：裁判官を任命する。
- 裁判所→内閣：国や都道府県などの処分が憲法に違反していないか審査する。
- 国民→国会：選挙
- 国民→内閣：世論
- 国民→裁判所：国民審査

ヒロシ　リサ　カズマ

カズマ「国の政治方針を決める機関だよ。衆議院と参議院の二つに分かれているんだ。」

リサ「国の最高の行政機関がここね。国会で決められた法律や予算に応じて、実際に政治を行うの。」

ヒロシ「争いごとや犯罪を解決する機関さ。また、罪の有無を判断するのもここの役目だね。」

①三人はそれぞれ、「国会」「内閣《ないかく》」「裁判所《さいばんしょ》」のどの機関について話していますか。

カズマ

リサ

ヒロシ

②三人の説明を、それぞれ三十字以内の一文にまとめて、次の空らんを完成させましょう。

国会とは、　　　機関。

内閣《ないかく》とは、　　　機関。

裁判所《さいばんしょ》とは、　　　機関。

③日本で、国会・内閣《ないかく》・裁判所《さいばんしょ》の三権《さんけん》が分立しているのはなぜだと思いますか。考えて書きましょう。

〈〈〈 答えは「別冊」の31ページに！

出口汪 (でぐち・ひろし)

1955 年、東京都生まれ。30 年以上にわたって受験生の熱い支持を受ける大学受験現代文の元祖カリスマ講師。全国の学校・塾で採用され、目覚ましい効果を挙げている言語トレーニングプログラム「論理エンジン」の開発者として、その解説と普及に努めている。

論理エンジン ▶ https://ronri.jp

▶STAFF◀

イラスト ◎ 設樂みな子
表紙デザイン◎与儀勝美
構成協力 ◎ 高橋沙紀／葛原武史・和西智哉（カラビナ）
編集協力 ◎ いしびききょうこ（ニコワークス）
小倉宏一（ブックマーク）
石川享（タップハウス）
フォーマット作成 ◎ 武井千鶴・カラビナ
本文 DTP ◎ 芦澤伸・高野宏恒（東光美術印刷）
編集 ◎ 堀井寧（小学館）

出口汪の日本語論理トレーニング 小学六年 基礎編

2012 年 11 月 25 日 第 1 版第 1 刷発行
2024 年 6 月 8 日 第 1 版第 7 刷発行

著 者 ● 出口 汪
発行人 ● 北川 吉隆
発行所 ● 株式会社 小学館
〒 101-8001 東京都千代田区一ツ橋 2-3-1
電 話 ● 編集 (03) 3230-5689
販売 (03) 5281-3555
印刷所 ● 三晃印刷株式会社
製本所 ● 株式会社難波製本

※造本には十分注意しておりますが、印刷、製本など製造上の不備がございましたら、「制作局コールセンター」（フリーダイヤル 0120-336-340）にご連絡ください（電話受付は、土・日・祝休日を除く 9：30 ～ 17：30）。
本書の無断での複写（コピー）、上演、放送等の二次利用、翻案等は、著作権法上の例外を除き禁じられています。
本書の電子データ化などの無断複製は著作権法上の例外を除き禁じられています。代行業者等の第三者による本書の電子的複製も認められておりません。

© Hiroshi Deguchi © Shogakukan 2012 Printed in Japan

ISBN978-4-09-837737-4